Raum der Träume

Für unsere Kinder

Arne

Anna Tomke

Max Henrik

Alexandra

Marie Lenni

Antonia

Raum der Träume

Insa Hilbers

Roswitha von Graefe

EINKLANG VERLAG

Zetel

Impressum

„Raum der Träume“

Einklang Verlag, Zetel

Coverillustration: Insa Hibers

Covergestaltung: Andreas Reiberg

Satz: Susanne Krause, add-arts.com

Printed in Germany

ISBN: 978-3-946315-11-7

Inhalt

Die Autorinnen

Die intensive Beschäftigung mit Heilpflanzen hat den Blick der beiden Autorinnen dieses Buches auf die aktuellen Probleme der modernen Menschen geschärft.

Hinzu kamen persönliche Erfahrungen und Verluste.

Daraus ist ein Buch entstanden, das kritisch und liebevoll zugleich ein Streifzug durch alle Bereiche des Lebensweges ist.

Durch die Texte und Gedichte von Roswitha von Graefe und die Zeichnungen von Insa Hilbers sollen sich die Leser an das erinnern , was sie längst wissen und in ihrem Herzen nur verlegt haben.

Das Buch soll erschüttern, trösten und ermuntern. Es fordert uns auf, wieder genau hinzusehen.

Es gibt Kraft, denn unsere Kinder und die wunderbare Erde haben es verdient, verteidigt zu werden.

Roswitha von Graefe

Insa Hilbers

Beide Autorinnen sind seit vielen Jahren als Ärztinnen im Krankenhaus Wittmund tätig.

Neben ihrer schulmedizinischen Weiterbildung im Krankenhaus Wittmund absolvierten beide eine dreijährige Heilpflanzenausbildung im Allgäu.

Vorwort von Susanne Fischer-Rizzi

Betreten Sie den „Raum der Träume“ und schauen Sie sich um. In seinem Inneren, an den Wänden, hängen zauberhaft schöne Bilder. Sie leuchten in lebendigen Farben – einmal zart, einmal kräftig, als ob sie mit ihrer Leuchtkraft unsere Seele nähren wollten. Manche der Bilder berühren mit feiner Transparenz, andere führen auf seidigen Flächen in ein geheimnisvolles Traumland. Man spürt die Liebe und Hingabe, mit der die Malerin Insa Hilbers diese Bilder geschaffen hat. Sie erzählen in der Sprache der Farben und Formen von Geschichten, Begebenheiten und Weisheiten. Sie können berühren, freudig stimmen, trösten und betroffen machen.

Im „Raum der Träume“ sind diese Bilder mit eindringlichen Texten verwoben. Ein Band aus Sprache verwebt Farben und Gedanken in einer nahtlosen Verknüpfung. Roswitha von Graefe hat die Gedichte und Texte aus der tiefen Quelle persönlich gelebter Erfahrung, aus gereifter Menschenkenntnis und aktueller Betroffenheit fließen lassen.

Ich durfte beide Autorinnen als Mentorin einige Jahre durch die Pflanzenwelt begleiten. Eine tief empfundene Naturverbundenheit führte sie zur Heilkraft und Weisheit der Natur. Mit dem dabei geschulten Blick, mit einer geschärften Achtsamkeit, lenkten beide ihre Aufmerksamkeit auch auf die Situation der Menschen in unserer rastlosen Industriegesellschaft. Immer mit dem Herzen, aber mit einem kritischen Geist, führen sie uns mit diesem „Raum der Träume“, mit ihren Texten und Bildern durch viele Bereiche des heutigen Lebens. Sie helfen uns wieder Dinge wahrzunehmen, die wir in der Rastlosigkeit des Alltags verloren haben: Die Melodie unseres eigenen Lebens, die Stille, das Empfinden der Verbundenheit alles Lebendigen, den Respekt vor gewachsenen menschlichen Beziehungen, die Würde der Tiere, die Schönheit der kleinen Dinge. Sie laden uns ein, der Natur zu lauschen, zu träumen, uns selbst wieder wahrzunehmen und anderen Menschen mit Mitgefühl zu begegnen.

In einer Zeit, in der unser Leben mehr und mehr ins Virtuelle verschwindet, die Entfremdung von der Natur uns krank gemacht hat, rütteln diese Texte und Bilder auf, geben Mut und bewegen dazu, Stellung zu beziehen. Sie vermitteln das Gefühl und die Gewissheit von der Kostbarkeit dieser Erde und die Dringlichkeit, mit der wir uns für den Erhalt der Natur einsetzen sollten.

Texte und Bilder sind wie Trittsteine auf dem Weg des Lebens, bei dem wir durch Räume von Freude und Trauer, Weisheit und Staunen, Mut und Hoffnung, Begegnung und Abschied, gehen.

Susanne Fischer-Rizzi

Das Tor

Das Leben verläuft viele Jahre in seinen eigenen rhythmischen und vertrauten Prozessen. Dennoch werden wir, ohne es zu ahnen, im Durchschnitt einmal pro Jahrzehnt mit einer existentiellen oder lebensbedrohlichen Krise konfrontiert.

Dies kann eine Beziehung sein, die sich wandelt, berufliche oder materielle Unabwägbarkeiten oder häufig auch eine schwere Krankheit. Etwas Unerwartetes oder lange Gespürtes taucht plötzlich aus dem Nichts auf und das bisherige Leben wird mit einer unsichtbaren Handbewegung weggefegt. Lang geglaubte Sicherheiten existieren nicht mehr. Ein Gefühl von großer Einsamkeit entsteht und es fällt uns keine Person ein, der man alles erzählen kann, ohne sich zu schämen oder klein zu fühlen.

Menschen stehen uns in unserer Schwäche entweder zu nahe oder nicht nahe genug und beim Blick in den Spiegel sieht uns ein fremdes und angstmachendes Gesicht an. Die virtuellen Welten überfluten uns mit Informationen und Selbstdarstellern, treffen aber nicht die Schwingung unseres Herzens. Es ist erstaunlich, wie viel Kraft sich aus einer solchen Situation entwickeln lässt.

Die Seele hält wundersamerweise hunderte schlaflose Nächte aus, ein vibrierendes, körperlich spürbares Nervensystem und Schmerzen aller Art. Ebenso die Spaltung in ein perfektes Alltagsfunktionieren und die gleichzeitige innere Gewissheit, dass alles, was bisher wichtig war, anders bewertet werden muss und nicht mehr so weitergehen kann.

Es eröffnen sich aber auch neue Momente des Staunens. Personen, die wir bisher nicht beachtet haben, schenken uns einen Moment der Wärme oder Ruhe. Wir werden plötzlich von unerwarteter Seite in den eigenen Gedanken bestätigt und finden dann auch die Kraft, das Unabwendbare weiterzudenken.

Es kann aber auch sein, dass wir scheinbar gar keine Wahl haben. Bei vielen Krankheiten kann ein solches Gefühl entstehen. Dann bleibt nur noch, es sich symbolisch beim Sturz von der Klippe so bequem wie möglich zu machen.

Aber wir sind nicht wehrlos. Unsere eigenen körperlichen Kräfte sind unterbewusst abrufbar und werden in Grenzsituationen von uns deutlich gespürt und beachtet. Wir sind wieder ganz bei uns selbst angekommen.

Je weiter wir das Vertraute verlassen müssen, desto mehr entsteht die Gewissheit, was wir alles nicht mehr brauchen, um zu überleben und neu anzufangen. Und wir werden ganz ruhig und kommen wieder in unsere Kraft.

Das Tor

Ich träumte einst,
ich ging ganz still
den schmalen Weg entlang.
Die Bäume wiesen mir den Weg,
bis an ein Tor ich kam.

Da stand ich nun
und wusste nicht,
was mir das Schicksal bringt.
Die Sonne oder doch den Tod,
oder ein Herz, das singt.

Die Schatten, die einst auf mich fielen,
die ließen mich vorbei.
Was kommt danach, geh ich durchs Tor?
Bin ich dann wirklich frei?

Ich trat ganz langsam durch das Tor
im frühen Morgenlicht.
Und sah dort einen Spiegel stehen,
in ihm war ein Gesicht.

Das kannte ich nicht,
es war mir fremd.
Ich wollte lieber gehen,
da sprach es plötzlich leise zu mir.
Und sagte:
Ich kann es sehen.

Was siehst Du denn?
Das fragte ich bang,
und plötzlich war mir kalt.
Ich sehe Dich durchs Leben gehen
und langsam wirst Du alt.

Ich fürchte mich,
ich will zurück.
Und will noch mal beginnen.
Der Spiegel lacht.
Das kann man nicht,
bist Du denn ganz von Sinnen?

Geschwind durchs Tor
und ohne Furcht
ins schöne Abendrot.
Lass Dich doch treiben,
leicht und sanft,
auf Deinem kleinen Boot.

Das Leben fließt doch wie ein Bach
zum blauen Meere hin.
Tanz auf den Wellen unbesorgt
mit frohem, heiterem Sinn.

Und fühl die Sonne, spür den Wind.
Du kannst es doch genießen,
das Schaukeln in des Lebens Strom,
solang die Wasser fließen.

Der Phönix

Fabelwesen und Tiere mit besonderen Eigenschaften faszinieren Menschen in allen Kulturen. Es gibt viele Märchen und Mythen über diese Wesen. Sie sind Lieblinge der Götter und können uns zum Träumen oder zum Fürchten bringen. Sie symbolisieren menschliche Seelenzustände. Kinder lieben Geschichten von Einhörnern und Drachen.

Der Phönix als wundersamer Vogel des Zauberers Dumbledore ist seit den Harry-Potter-Büchern vielen Kindern in aller Welt bekannt. Es gibt den Phönix aber als symbolisches Tier schon sehr viel länger. Ein Vogel, der sich selbst verbrennen kann, und aus seiner Asche neu emporwächst, kann Mut machen.

Im Pflanzenreich gibt es mediterrane Pflanzen voller ätherischer Öle, die sich an einem heißen Sommertag selbst entzünden können und aus ihrer Asche wieder neu heranwachsen. Die eigene Asche ist der Dünger für die neue Pflanze.

Was können wir vom Phönix lernen? Wenn alles in Flammen steht und sich das eigene Leben auflöst, dann sollen wir nicht aufhören, daran zu glauben, dass wir überleben werden. Manchmal muss man alles loslassen, um neu beginnen zu können.

Das ist der Phönix.

Der Phönix

Als Phönix ist er lange schon
den Menschen gut bekannt.
Geschichten hat man viel erzählt
aus seinem fernen Land.

Ich möchte so gerne eines Tages
den Feuervogel sehen.
Und könnte dann
auch seinen Flug
und seinen Weg verstehen.

Es kommt die Zeit
dann lässt er los,
was nicht mehr zu ihm passt.
In Flammen geht er scheinbar auf
und dann ist es vollbracht.

Er löst sein Kleid ganz feurig auf
und bleibt sich doch nur treu.
Entsteht dann kraftvoll und verjüngt
aus seiner Asche neu.

Das Leben gibt den Menschen gerne
Dinge als Geschenke.
Die winden sich um Herz und Hirn
und auch um die Gelenke.

So wächst, was einst als kleines Teil
das Leben noch erfreute,
zu einer schweren Last heran,
die man zuletzt bereute.

Der Mensch fragt stets,
was war, was bleibt
und wiegt und misst zu lang.
So hat er schließlich nicht den Mut
und weiter geht sein Gang.

Sein Herz wird kalt,
denn er trägt hart
so manches lange Jahr.
Was längst zu groß, zu grau und schwer
an seinem Leben nagt.

Er wünschte sich im Stillen oft,
manch Dinge aufzugeben
und losgelöst von alter Last,
dann auch davonzuschweben.

Der Feuervogel zieht ganz ruhig
am Himmel seine Kreise.
Er weiß, er kann bei sich nur sein
auf schwerelose Weise.

Drum habe Mut,
lass alles los,
was du dir angezogen.
Es wird zu feinem weißem Rauch
und der entschwebt nach oben.

Du fliegst dem Feuervogel gleich
dem Sonnenschein entgegen.
Und siehst, was noch dein Herz beschwert,
am Horizont entschweben.

Der Feuervogel zeigt dir klug,
man braucht nur frischen Wind,
um loszulassen, leicht zu sein,
und heiter wie ein Kind.

Nichts mehr

Selbst wenn alles gut läuft, hat die Zeit ihre eigene Dynamik. Wir sausen dahin und merken am Vorbeiziehen einer Kindergeneration nach der nächsten, dass wir unsere überwiegende Wach- und Vitalzeit am Arbeitsplatz verbringen. Je erfolgreicher wir im Beruf sind, je mehr Freude die Arbeit macht und Raum einnimmt: Den Preis für die Unersetzlichkeit zahlen überwiegend die Menschen, die uns nahe stehen und unser freiheitsliebender Körper.

Die Reisen werden zwar immer exklusiver, aber auch kürzer und statt Zeit gönnen wir uns teure Besonderheiten, die den Mangel an freier Lebenszeit versüßen sollen. Diese Art zu leben verändert uns selbst und die ganze Welt nicht zum Besseren.

Künstliche Inselparadiese überbauen die natürlichen Ressourcen unseres Planeten. Dies geschieht nur zur Besänftigung der beruflich stark eingespannten Menschen, die selbst das Erholen optimieren wollen. Dabei will unser Ich nichts als Zeit und innere Weite, um die eigene Melodie wieder hören zu können.

Wir brauchen all diese Wellnessangebote nicht, wenn wir wirkliche Muße haben. Wir sind dann viel einfacher und viel weniger eingreifend in unseren Wünschen. Wir können die Lebensqualität und die Kultur unserer Gesellschaft möglicherweise verbessern, wenn wir unsere eigenen körperlichen und seelischen Bedürfnisse als besonders wichtig und kostbar erachten.

Es ist doch das Einzige, was wir in Wirklichkeit haben. Die Wertschöpfung am Arbeitsplatz ist erstrebenswert, aber die gegenseitige Achtsamkeit und der Schutz vor Erschöpfung und Gefühllosigkeit ist gesellschaftlich und ökonomisch viel wertvoller. Dies hat etwas mit Menschlichkeit zu tun.

Das hat die Gruppen von Ahnen erfolgreich gemacht, die vor uns da waren und unser Fühlen und Denken genetisch mitbestimmt haben. Das Entwickeln von Mitgefühl, der Zusammenhalt in der Gruppe, die gegenseitige Sorge und das Teilen von Ressourcen waren überlebenswichtig für unsere Vorfahren.

Der Schwächste bewirkte, wie weit man an einem Tag wandern konnte, denn jeder Einzelne war von Bedeutung und konnte nicht zurückgelassen werden. Über 100.000 Jahre wandelte die Spezies Mensch so über die Erde.

Sehr dünn ist die Schale der Zivilisation. Egoismus und ein Kapitalismus, der fast unwidersprochen – ohne auf die sozialen Basisrechte der Menschen zu achten – alle Bereiche des Lebens erfasst, haben in sehr kurzer Zeit einen tiefen Eindruck auf diesem Planeten hinterlassen.

Besinnen wir uns wieder.

Jeder kann für sich entscheiden, welchen Werten er in seinem Leben Raum gibt und vor allem, wie wichtig er sich und seine natürlichen Bedürfnisse nimmt. Wir haben ein absolutes Recht auf die Gesunderhaltung unseres Körpers und unserer Seele.

Wir sind nach wie vor Gruppenwesen. Andere sehen, was wir tun. Vielleicht ermutigen wir sie auch zu einem erfüllteren Leben.

Nichts mehr

Ich will nichts mehr werden
und will nur noch sein.
Will nichts mehr erstreben,
als bei mir zu sein.

Ehrgeiz, Verlangen,
strebende Gier,
die nehmen mich gefangen
und sind nicht in mir.

Meine Gedanken,
die sollen nur noch sein:
Wie bin ich glücklich,
und wie bleib ich frei?

Zählt nur die Zukunft
und zählt nur das Geld,
ist meine Seele
nicht in der Welt.

Ist das der Preis,
den ich will dafür geben?
Nie wieder Zeit
für das wirkliche Leben?

Genieß ich den Wind
an dem Tag, wenn er weht?
Oder plan ich den Urlaub,
doch der kommt zu spät.

Weg mit dem Ballast.
Ich brenn mein Haus nieder.
Das viele Haben,
das bindet die Glieder.

Ich reise ab jetzt nur
mit leichtem Gepäck.
Und meine Sorgen,
die sind plötzlich weg.

Ich komm aus der Eile
und leg ab den Zwang.
Und bin nicht so fleißig,
der Tag ist noch lang.

Ich lebe im Heute
und plane für Jetzt.
Bin Stund um Stund bei mir
und nicht mehr gehetzt.

Ich stelle mich selbst
als das Kostbarste hin.
Alles, was sonst ist,
macht keinerlei Sinn.

Ich bin freundlich zu mir,
denn wer soll es sonst sein.
Und beginne zu träumen
und glücklich zu sein.

Das Schweigen

Kinder sind oft Opfer, wenn die Erwachsenen nicht zusammenfinden. Das Gedicht „*Das Schweigen*" schrieb ich nach den Abendnachrichten vor circa vier Jahren.

Es war schon Krieg in Syrien. Der UN-Sicherheitsrat saß zusammen. Wieder einmal. Alles seriöse gewählte Mitarbeiter in Schlips und Kragen. Wegen des Vetos einiger Länder konnte man sich nach einem Giftgasangriff nicht einmal auf eine allgemeine Verurteilung einigen. Nicht einmal Worte der Kritik am Töten konnte man gemeinsam finden.

Kinder wurden vergast, wieder einmal. Jetzt sind vier Jahre vergangen, 200.000 Menschen sind seither in Syrien gestorben. Ich sehe Nachrichten, der UN- Sicherheitsrat sitzt in Schlips und Kragen. Er kann sich nicht auf eine Verurteilung der Kriegshandlungen einigen. Das Sterben darf weitergehen. Jeder fühlt sich im Recht.

Wie ist das möglich?

Haben die Erfahrungen aus Europa im 20. Jahrhundert nicht gereicht, um allen Menschen die Gewissheit zu schenken, dass Krieg und Zerstörung furchtbar sind und dass wir Ungerechtigkeiten, die es ja zwischen Völkern immer gibt, anders lösen müssen?

Die Nachrichten gehen weiter. Jahrelang missbrauchte Kinder aus deutschen Internaten und Choreinrichtungen sollen nur gering entschädigt werden. Konfessionelle Würdenträger, Vorbilder unserer Gesellschaft, schwiegen lange über die Geschehnisse. Zur Verantwortung gezogen oder gar verurteilt wurde so gut wie keiner der Täter und Mitwisser.

Das Bild von Insa Hilbers zeigt die Wahrheit, die an die Oberfläche kommt. Oft sehr spät. Aber sie zeigt sich und gibt den Opfern ihre Würde zurück.

Es wird geschwiegen.

Kinder sind wieder die Opfer.

Kein Aufschrei der Gesellschaft.

Zu viele Nachrichten.

Zu viel Information.

Wir schweigen.

Es ist auch peinlich.

Und schon etwas her.

Das Schweigen

Wir sollen nur noch schweigen,
es darf nichts mehr heraus.
Die Wahrheit ist zuweilen
gesellschaftlich ein Graus.

Wir sind ja gut erzogen
und auch noch tolerant.
Doch so wird auch das Böse
als Böses nicht benannt.

Der Erste ist ein Nazi,
der Zweite ist ein Schwein,
der Dritte, der quält Kinder.
So Vieles darf nicht sein.

Der Erste ist politisch,
der Zweite nicht allein,
der Dritte ist in Urlaub,
dann darf das auch mal sein.

Die Opfer ringen häufig
um nur ein wenig Geld.
Die Täter machen weiter,
so bunt ist unsere Welt.

Und so geht Elend weiter,
es wird ja abgestimmt.
Wir tragen weiter Schlipse,
es weint nicht unser Kind.

Das Gänseblümchen

Nichts zeigt die schöne Seele eines Kindes so wie das Gänseblümchenbild von Anna Hilbers.

Es zeigt die Freude und die natürliche Verbundenheit mit der sie umgebenden Natur.

Ein kleines Gänseblümchen ist ein eigenes Wesen, das Freude macht.

Kinder können solche Dinge noch sehen, wie schön...

Das Gänseblümchen

Ein Gänseblümchen wächst heran
auf einer bunten Wiese.
Sein Köpfchen sieht die Sonne an
und sagt: Wo scheint denn diese?

Es schaut so gern den ganzen Tag
der Sonne ins Gesicht.
Am Abend macht's das Köpfchen zu,
bis es wird wieder Licht.

Das Gänseblümchen ist sehr klein
und tröstet doch das Herz.
Es kommt nicht auf die Größe an,
das ist bestimmt kein Scherz.

Die Kinder sitzen gern im Gras
im Gänseblümchen-Meer.
Die Blümchen sehen sie freundlich an,
das lieben Kinder sehr.

Die Kinder und die Gänseblümchen
sind das, was mir gefällt.
Sie bringen Licht in unser Herz
und strahlen in die Welt.

Das Netz

Die Entwicklung und Verbreitung elektronischer Medien hat in den letzten zwanzig Jahren zu einer nie dagewesenen Änderung der menschlichen Kommunikation geführt. Wer dem öffentlichen Austausch von Gedanken und Nachrichten in sozialen Medien kritisch gegenübersteht, wird zunehmend sozial nicht mehr wahrgenommen. Selbst nahestehende Personen nötigen uns die elektronische Form der Kommunikation, als einzige Möglichkeit in Kontakt zu bleiben, auf.

Gleichzeitig besteht eine zunehmende soziale Blindheit und Passivität im wirklichen Leben, die ich erst einmal realisieren musste. Wenn ich nach einigen Tagen meine E-Mail-Nachrichten lese, die teilweise Einladungen oder Termine enthalten und von Freunden als quasi zugestellt gelten, dann bin ich eigentlich erschüttert.

Wenn eine Nachricht von mir nicht beantwortet wird, folgt so gut wie nie ein persönlicher Anruf. Wäre es nicht auch denkbar, dass ein Problem mit dem PC besteht oder dass man einfach krank ist oder tot…?

Auch sehr persönliche Termine oder Ereignisse werden direkt in die sozialen Medien gestellt. Alles, was im PC steht, kann von Dritten ausgelesen werden. Meine schon an anderer Stelle erwähnte Großmutter Rosel warnte mich als Kind immer davor, nicht über jeden meiner Freunde zu sprechen.

Wenn du einmal in Not bist, können dich deine Freunde nicht beschützen oder verstecken. Man wird dich finden. Ihre Erfahrungen aus dem Dritten Reich, bloß keine Tätowierungen oder unveränderlichen Zeichen, Geheimnisse bewahren, nicht über jeden Freund reden, Orte kennen, die sonst keiner kennt, haben ihr das Leben in schweren Zeiten erleichtert.

Ich habe das als Kind atemlos angehört und es leuchtet mir – Zeitgeist hin oder her – bis heute ein. Zeiten können sich ändern. Wir sollten achtsam sein, was wir erzählen und über wen wir was veröffentlichen. Ein persönliches Gespräch oder ein kurzer Anruf ist häufig sehr viel direkter und klärender. Das ist auch Selbstschutz und hat mit Respekt zu tun.

Das ständige Miteinander-im-Austausch-Sein kommt mir vor wie die Stimmfühlungslaute der Vögel, die immer wieder zwitschern, um den Anderen antworten zu hören.

Fühlen wir uns so alleine, dass wir uns ständig der Anderen vergewissern müssen? Wenn wir uns wie ein Schwarm verhalten, dann können wir auch ständig hochgeschreckt werden, wenn einer durchdreht.

Wollen wir das wirklich?

Das Netz

Wo sind nur meine Freunde hin?
Sie sind im Netz verschwunden.
An einem Ort, wo ich nicht bin,
verbringen sie die Stunden.

Sie haben andere Freunde jetzt
in ihrer bunten Welt.
So dass ich nicht mehr sichtbar bin
und nicht mehr existent.

Ich höre nur aus diesem Netz
von Anderen, was sie treiben.
Mit Fotos und mit vielerlei
und wo noch hin sie reisen.

Und wenn ich sie dann auch mal sehe,
dann sind sie überrascht.
Ja, hast du denn nicht nachgesehen,
was ich derweil gemacht?

Ich sehe es selten mir nur an,
das virtuelle Spiel.
Des Anderen Atem und sein Gang
bedeuten mir so viel.

Mir helfen Druckbuchstaben nicht.
Ich kann sie zwar gut lesen,
doch sehe ich die Wahrheit nicht
in virtuellen Wesen.

Gefällt mir – das ist leicht gesagt,
doch ich brauche auch den Streit,
die Hässlichkeit und den Moment,
wo sich die Wahrheit zeigt.

Ein Freund, der darf auch lästig sein,
er kommt, wenn es mir nicht passt.
Ich halte sie aus, sie macht mich stark,
die ungewohnte Last.

Im Netz da schalte ich alle ab
und zeige mich nur schön.
Ich bin so klug und originell,
das sollen alle sehen.

Sie kamen einst und holten fort
und brachten mit den Tod.
Vergesst das nicht – und nicht den Freund,
der da ist in der Not.

Ihr dummen Kinder, wisst ihr nicht,
wie sie einst Menschen suchten?
Sie finden euch, ihr müsst im Netz
ja alles von euch posten.

Ich sage es klar, sie lesen mit
bei allem, was ihr tut.
Bleibt wachsam und seid sprungbereit,
das ist fürs Leben gut.

Bewahret stille Freunde euch,
die ihr persönlich kennt.
Und Orte, die im Netz nicht stehen,
und die ihr selbst nur kennt.

Ich bin real, man kennt mich nicht
als Facebook-Freund von dir.
Bist du in Not – dann hast du hier
ein sicheres Quartier.

Mein Freund, höre zu und gehe nicht fort,
die Anderen lesen mit.
Die E-Mails sind gespeichert längst
in ihrer Angstfabrik.

Ich brauche doch den wahren Freund,
ich rieche seinen Schweiß.
Und sein Gesicht, ein Zucken nur,
zeigt, dass er alles weiß.

Wir brauchen uns nur anzusehen,
ich sehe am Freundes Gang,
wie er bei mir, was Sache ist,
und was heute nicht gelang.

Wir schlagen einen Haken jetzt
und treffen uns sofort
nur noch in echt.
Bei dir, bei mir,
an einem klugen Ort.

So bleiben wir einander nah
und schützen unser Herz.
Und unser Leben vor der Welt
und vor zu viel Kommerz.

Neue Menschen

Junge Menschen gehen schnell und angstfrei mit den angebotenen Kommunikationssystemen um. Zwischen den Generationen ist seither eine seltsame Umkehrung entstanden, wer Rat und Erfahrung von wem annehmen möchte.

Ich habe mich daran gewöhnt, auch ganz junge Menschen bei Problemen mit dem Smartphone oder Computer um Hilfe zu bitten. Ich spüre aber auch die Spur von Selbstgefälligkeit, wenn mein Problem mit drei Klicks behoben wurde.

Lehrer und Eltern machen sicher ähnliche Erfahrungen. Es ist nicht mehr so einfach, Vorbild und Ratgeber durch eigene Lebenserfahrungen zu sein.

Die sich ununterbrochen selbst im Netz produzierenden Jungstars, die scheinbar ohne Mühe mit zwanzig Jahren durch das Internet zum Millionär geworden sind, sind natürlich die neuen Vorbilder für die durch lange Unterrichtseinheiten stark eingespannten Jugendlichen.

Die Kunst in diesen Zeiten der Entwicklungssprünge bleibt, Verständnis aufzubringen und für ihre zarten Seelen noch erreichbar zu bleiben, da Menschenkenntnis und Lebenserfahrungen nicht gegoogelt werden können.

Neue Menschen

Die alten Helden werden müde,
die Zeit des Redens ist vorbei.
Und auch das Wissen all der Jahre
ist neuen Menschen einerlei.

Man ist ja fit und nicht mehr wachsam
und elektronisch voll vernetzt.
Der Chatroom ist der neue Marktplatz
und hat vom Leben viel ersetzt.

Es wird getwittert und gegoogelt
und Facebook ist ein neuer Brauch.
Mit einem Klick da hat man Freunde
und fühlt sich wichtig sicher auch.

Man schreibt nicht Briefe mehr in Ruhe,
man ist ja schnell und auch spontan.
So bleibt auch wenig Zeit zum Denken,
was tut im Netz man Anderen an.

Es ist ja gut, dass heute Menschen
auf aller Welt sich gut verstehen.
Es soll jedoch vor lauter Daten
das Herz nicht ganz verloren gehen.

Wir hören nicht mehr auf Erfahrung,
wir sehen nicht mehr rechts noch links.
Wir haben ja perfekte Welten
und täglich tausend neue Links.

Wir halten kaum noch die Gefühle
des eigenen Lebens richtig aus.
Wir laden selten fremde Menschen
zum Kennenlernen noch nach Haus.

Wir sehen nicht, ob heut der Nachbar
von uns ein wenig Hilfe braucht.
Wenn er nicht sendet eine Message,
dann fällt uns wirklich nichts mehr auf.

Bedenke all die bunten Letter,
die brauchen jede Menge Strom.
Ein Lächeln und zwei Sätze reden,
die gibt es ganz umsonst auch schon.

Und wenn ein schweres Sturmgewitter
uns kurz den Strom einmal verwehrt,
dann haben wir das wahre Leben
mit echten Menschen ganz verlernt.

Drum lass dich von den neuen Menschen
nicht völlig manipulieren.
Und bleibe Herr des eigenen Lebens,
es wär nicht schlecht, das zu kapieren.

Wir werden doch bewusst beschäftigt
und unser Hirn das wird verstopft
mit Nonsens und wer gestern wieder
den Busen sich hat ausgestopft.

So können Herren im grauen Anzug
die ganze schöne Welt zerstören
und schwach vor lauter Über-Info
können wir dagegen uns nicht wehren.

Und in den Städten sieht man Zombies,
im Ohr ein Knopf, das Auge starr
auf einen Plastikdämon schauend.
Sie nehmen nichts vom Dasein war.

Wie war der Wind, wo standen Bäume?
Wer hat ganz kurz mich angesehen?
Doch grade kommen neue E-Mails
nach denen muss zuerst man sehen.

Und das sind unsere neuen Helden,
sie werden zahlen einen Preis.
Sie werden Einsamkeit erleben
trotz dieses ganzen Technikscheiß'.

Lass uns den Stecker heut mal ziehen,
der Zeit aus unserem Leben nimmt .
Wir werden uns mal richtig spüren
und merken, wie das Herz gewinnt.

Vom richtigen Kleid

Der Umgang miteinander und der Umgang mit Tieren zeigen den wahren Grad einer Zivilisation an. Jede Gesellschaft hat Umgang mit Tieren, die ihren Mitgliedern besonders nahe stehen oder die sie verehren, und anderen, die sie verspeisen oder verwerten.

So gibt es auch viele Tiere, die aus kulturellen oder religiösen Gründen abgelehnt werden. Manche Gesellschaften essen Hunde, bei anderen ist er der beste Freund.

Katzen waren in Ägypten hochgeschätzte Wesen, in Europa wurden sie im Mittelalter zusammen mit heilkundigen Frauen verbrannt, was auch zu einer Verbreitung von Nagetieren führte, die die Katzen in Schach gehalten hatten.

Schweine werden in einigen südlichen Ländern überhaupt nicht gegessen, andere Völker essen gerne eiweißreiche Insekten und in Indien sind vielen Volksgruppen Kühe heilig.

Welche Wertschätzung ein tierisches Mitgeschöpf durch den Menschen erfährt, ist klimatisch, religiös und kulturell bedingt. Die Tierhaltung und die Art, Tiere zu transportieren, zu vermehren und zu töten sagt viel über die Entfremdung von unserer Mutter Erde aus.

Auch Tiere essen andere Tiere, aber immer nur zur aktuellen Befriedigung körperlicher Notwendigkeiten. In den modernen Gesellschaften sind Tiere komplett zur Ware verkommen, was einen unheimlichen Grad seelischer Verrohung darstellt. Es wurde kürzlich gerichtlich festgestellt, dass das Schreddern lebender männlicher Küken nicht gegen den Tierschutz verstößt. Was soll man dazu noch sagen?

Die Ställe werden immer kleiner und Transporte lebender Tiere durch ganz Europa sind nach wie vor Normalität. Das Töten ist in sterile optimierte Schlachthäuser verbannt, fern von unseren Augen und dadurch aus menschlicher Hinsicht wirklich furchteinflößend.

Wir sollten nicht wegschauen.

Tötungsoptimierungen haben in Europa schon fürchterliche und unfassbare Auswirkungen auf Millionen Menschen gehabt. Wir wollen nicht wahrhaben, dass die Gleichgültigkeit den bestehenden Verhältnissen gegenüber sich unmittelbar auf unsere Gesundheit, unsere Seele und auf das Klima des ganzen Planeten auswirkt. Man wird über uns berichten als eine herzlose und egoistische Plastikgesellschaft, deren Aufräumarbeiten noch Generationen von Nachkommen beschäftigen wird.

Wenn wir ehrlich sind, machen wir uns schuldig an der Schöpfung, die einer großen genetischen Vielfalt von Pflanzen und Tieren Raum gibt, wenn wir sie lassen. Wir könnten uns sinnvoll aus ihr bedienen, wie es die übrigen Wesen tun, und trotzdem viele Menschen nachhaltig ernähren.

Niemand wird uns in Zukunft ehren, die wir in dieser Zeit geboren sind und leben, wenn wir nicht mit Offenheit und aller Kraft die Dinge wenigstens beim Namen nennen. Ich werde bei meinen Vorträgen oft gebeten, das Gedicht vom *richtigen Kleid* nicht vorzutragen. Dabei würde so eine ungemütliche Stimmung aufkommen.

Nein, bleiben wir bei dem, was die Wahrheit ist. Bei aller Wellness vertragen wir auch etwas Ungemütlichkeit. Keiner kann sagen, er sei nicht informiert, wie wir in angeblich zivilisierten Ländern Europas mit Tieren umgehen.

Was also tun, um nicht angesichts dieser Kaltherzigkeit zu verzweifeln? Wählen gehen ist eine gute Möglichkeit, die eigene Ohnmacht zu überwinden und das eigene Essen und Trinken zu überdenken. Was esse ich gerne und wie kann ich die wunderbare Nahrungsvielfalt unserer Welt genießen, ohne unseren Planeten unnötig zu beschädigen?

Es hat also viel mit liebevollem Umgang mit dem eigenen Körper zu tun. Und mit Mitgefühl anderen Geschöpfen gegenüber. So einfach ist das.

Vom richtigen Kleid

Ein Schwein zu sein in dieser Welt
ist nur bei Moslems gut.
Ein Schwanenpaar im Königshaus,
dem geht es auch noch gut.

Der Hund in China sagt das nicht,
und auch kein deutsches Schwein.
Kommst du im falschen Hemd daher,
wird man zu dir so sein.

Die Kirche sagt, iss Tiere auf,
die Seelen sind nichts wert.
Wie die nach unseren Kindern greift,
ist mehr als nur verkehrt.

Du weißt es nicht, wie du erst fühlst,
wenn man die Würfel mischt,
und dich erneut durchs Leben schickt,
durch unseres Weltmeeres Gischt.

Kann sein, du kommst als Pute raus
in unserem dicken Land.
Oder als Pelztier eingepfercht,
auch das ist doch bekannt.

Du hast nicht häufig dieses Glück
zu sein in Indien Kuh.
Oder ein Hund im deutschen Land,
drum hör jetzt ernsthaft zu.

Du meinst, es müsse billig sein,
darauf hast du ein Recht.
Du isst zwar viel, doch warnt dein Herz,
das ist doch gar nicht echt.

Für Eistee, Cola, Billigbrei
ist Geld genug im Haus.
So mästest du nicht nur dich selbst,
dein Geld die Multies auch.

Du hungerst nicht mehr an dem Leib,
du hungerst in der Seele.
So wirst du arm und fett zugleich
und dich wird Krankheit quälen.

Sei doch mal klug und frage dich,
was man dir da serviert.
Das ist kein Menschenessen mehr,
so bunt und konserviert.

Und wenn du Fleisch so stark begehrst,
dann töte mal ein Tier.
Du bist so edel und so fromm,
nimmst andere gern dafür.

Du feiger Mensch, sieh dir nur an,
wie Sterben sich anfühlt.
Und Todesangst und warmes Blut
in deinen Händen glüht.

Ein Tier, das fühlt und träumt doch auch.
Genauso wie ein Mensch.
Mach auf dein Herz,
die Botschaft ist,
dass du das mal erkennst.

Sei dankbar für dein täglich Brot
und esse nicht so viel.
Geh sorgsam mit dem Leben um,
das ist verlangt nicht viel.

Wenn alle so durchs Leben gehen,
dann werden Seelen heilen.
Und Menschen anders als zur Zeit
auf dieser Erde bleiben.

Kuhhörner

Die Kühe liegen mir besonders am Herzen. Ich sehe sie auf unseren Weiden immer seltener. Sie sind die sanften Riesen Europas. Sie sind gute Mütter und nähren uns wie sonst kein Tier mit Milch, Käse, Quark, Butter und Fleisch.

Was tun wir nur unseren Kühen an?

Die Hörner werden schon den Kälbern ausgebrannt. Die Kühe werden ständig künstlich besamt und in Trächtigkeit gehalten, damit sie ununterbrochen gebären und Milch liefern.

Ihre Kinder werden ihnen 24 Stunden nach der Geburt weggenommen. Sie bekommen dünne Ersatzmilch und ein Teil von ihnen stirbt trotz Antibiotika unbemerkt von der Öffentlichkeit schon früh an Infektionen wie Durchfall und Lungenentzündung.

Wir schwimmen in Milchseen und der Wert der Milch als universelles Nahrungsmittel bei Europäern ohne Lactoseintoleranz wird stellvertretend für unseren Umgang mit Nahrungsmitteln völlig degradiert.

Und die Landwirte, die sich diesen scheinbar ökonomischen Notwendigkeiten unterwerfen, sind körperlich und seelisch am Ende, weil sie finanziell nicht mal ihre Familien vernünftig versorgen können, obwohl sie sehr schwer arbeiten.

Nehmen wir uns ein Beispiel an der indischen Wertschätzung der Kuh als Symbol von Mutterschaft und Ernährerin der Welt. Lassen wir ihr das Kalb und nehmen wir uns die Milch, die sie uns trotzdem schenken wird.

Es gibt in Deutschland schon Landwirte, die ihre Betriebe entsprechend umstellen. Das ist nicht einfach und setzt voraus, dass wir diese Art Umgang mit Tieren und Nahrungsmitteln auch entsprechend finanziell unterstützen. Ein Liter Milch pro Tag kann ein Kind retten. Meine Großmutter wusste das noch. Das Beschaffen von Milch für die Kinder war ein täglicher Kampf in Notzeiten.

Wir würden uns besser fühlen, wenn wir kostbare Milch wertschätzen und etwas mehr für die Herstellung bezahlen würden. Die Milch hätte weniger Hormone, die Kuh wäre glücklich, das Kalb hätte eine Mutter, denn ein Kalb braucht auch Liebe, Abgeleckt-Werden und die große Nase und die Stimme seiner Mutter, um ein gesundes Tier zu werden und nicht nur sein kurzes Leben lang ein potentielles Stück Braten zu sein.

Der Landwirt überlebt auch mit einem kleinen Familienbetrieb und fühlt sich besser. Er kann sich erlauben, anders mit seinen Tieren umzugehen und wir Verbraucher kommen nicht in die Hölle - in spiritueller Hinsicht.

Wie viel kostet ein Liter Milch aktuell? Wir rechnen doch so gerne den Wert von Dingen aus. Wir rechnen nicht richtig. Wir nehmen gerade in unserem Umgang mit Tieren und unserem Umgang mit der Erzeugung von Nahrungsmitteln einen fürchterlichen Kredit auf unsere Erde auf. Zurückbezahlen sollen ihn aber andere, diejenigen, die nach uns kommen. So bewusst hat noch keine aufgeklärte Gesellschaft ihre eigenen Kinder und Enkel missachtet.

Dabei fängt es mit ganz kleinen Dingen an.

Es fängt damit an, dass wir begreifen, dass Tiere die gleichen Gefühle haben wie wir und den gleichen Respekt verdienen, insbesondere da wir uns viel mehr ihrer bedienen, als dass sie uns etwas wegnehmen. Handeln wir in unserem privaten Leben entsprechend und unterstützen wir die Menschen, die sich um einen guten Umgang mit Tieren - im Leben wie im Tod - kümmern. Je mehr Menschen so denken, desto einfacher und selbstverständlicher wird es.

Stehen wir zu unserem Mitgefühl, zu Tierliebe und persönlicher Verantwortung beim Essen und Trinken. Dabei sollten wir aber auf keinen Fall die Freude und Heiterkeit vergessen und keine Furcht vor Nahrungsmitteln entwickeln. Wir ändern einfach so viel, wie wir bei uns selbst ändern können, das ist schon unheimlich viel.

Es ist genauso viel, wie unser ausgestreckter Arm reicht. Und wenn wir Glück haben, spüren unsere Fingerspitzen plötzlich eine andere Hand...

Kuhhörner

Nun lasst der Kuh die Hörner.
Sie wachsen nicht umsonst,
sie kühlen ihren Körper
Und schützen sie auch sonst.

Durch alle Generationen
behielt die Kuh ihr Horn.
Sie schenkte Milch den Menschen,
das hat sie nun davon.

Sie ist so groß und freundlich
und friedlich im Gemüt.
Das wird ihr zum Verderben,
sobald der Mensch das spürt.

Die Kuh hat eine Seele
und sie ist eine Frau.
Sie hat ein Kind geboren,
das wisst ihr ganz genau.

Man nimmt ihr weg ihr Kälbchen
nach nur mehr einem Tag.
Und saugt ihr aus den Euter,
was sie bestimmt nicht mag.

Die Milch ist für das Kälbchen
und dann erst für den Mensch.
Zu früh wird es ihr entrissen,
bis sie es nicht mehr kennt.

Was würden Frauen fühlen,
wär man zu ihnen so.
Drum lasst das Kälbchen trinken,
dann ist die Kuh auch froh.

Sie gäbe uns ganz sicher
viel Milch noch als Geschenk.
Und hätte ein besseres Leben,
wenn man mit Herzen denkt.

Drum lasst der Kuh die Hörner.
Und auch das Kalb dazu.
Zahlt gut für ihre Gaben,
dann hat der Bauer Ruh.

Weltenfreunde

Es ist ein ganz besonderes Erlebnis, wenn wir plötzlich einem Wildtier in seinem eigenen Lebensraum begegnen.

Ich lebe an der Nordsee. Beim Baden auf der Insel Langeoog tauchte plötzlich direkt neben mir ein Seehund aus dem Wasser auf. Wir sahen uns beide überrascht an. Ich sah seine großen Augen und sein Raubtiergebiss. Wie er mich sah, kann ich nur erahnen. Wir waren beide gleichermaßen erschrocken.

Nach kurzem gegenseitigem Anstarren tauchte er wieder unter, was mich sehr beunruhigte. Ob er meine Füße wohl für kleine Fische hielt? Ich hatte etwas Angst. Aber er kam noch einmal einige Meter entfernt von mir an die Wasseroberfläche und wir sahen uns ein letztes Mal in die Augen. Dann verschwand er im Meer.

Ich denke noch oft an diese Begegnung und fühle mich im Nachhinein sehr beschenkt. Was für erstaunliche Wesen neben uns und unter uns im Wasser leben. Säugetiere zum Teil wie wir, die wir einstmals aus dem Meer an Land gingen.

Wir sind auf der Erde miteinander verbunden und wissen so wenig voneinander. Wir atmen dieselbe Luft. Wir baden gerne und liegen gerne am Strand. Wenn wir uns in der gemeinsamen Welt frei begegnen können, fühlen wir uns wunderbar.

Weltenfreunde

Wir suchen fern von unserem Stern
am Himmel nach Planeten.
Es könnten Menschen dort auch sein,
denen wollen wir begegnen.

Wir wären auch nicht sehr erstaunt,
wenn Wesen da auch wohnen.
Die anders sind als man es denkt,
ein Treffen könnte sich lohnen.

Wir schauen oft nach oben hin
und selten in die Tiefe.
Am blauen Meer, da ist mir so,
als wenn mich jemand riefe.

Ich glaube, von unten sehen mich
ganz viele Wesen an.
Ich tauche hinab, sie denken jetzt,
ich komme vom Himmel an.

Sie brauchen weder Haus noch Kleid
und keine tausend Sachen.
Sie haben alles um sich her,
um es sich schön zu machen.

Das Meer ist Küche, Garten, Heim
und Spielplatz für die Kleinen.
Sie sind bescheiden gegen uns,
da möchte vor Scham ich weinen.

Sie haben Freude an sich selbst
und leben jeden Tag.
Sie spielen oft zusammen auch
und haben sehr viel Spaß.

Sie lernen von den Eltern früh
die Wildheit ihrer Meere.
Und machen durch die eigene Art
dem Leben wirklich Ehre.

Sie fühlen sich im blauen Meer
natürlich ganz zu Haus.
Und atmen aber wie der Mensch
die Luft der Erde auch.

Wir atmen alle eine Luft,
die uns die Pflanzen schenken.
Das sollten wir bei unserem Tun
auch immer mit bedenken.

Die Erde zeigt durchs Atmen uns
wir sind hier nicht allein.
Wir haben Meeresbrüder auch,
das ist doch wirklich fein.

Sie schwimmen leise in der Welt,
die wir normal nicht sehen.
Sie wissen, wo Atlantis liegt,
und wo Vulkane stehen.

Wir sollten etwas leiser sein,
dann wird es bald geschehen,
dass wir von unserer blauen Welt
ein Vielfaches verstehen.

Ich atme tief die schöne Luft
der guten Erdenbäume.
Mit Walen und Delfinen auch,
wir sind doch Weltenfreunde.

Das Licht

Die wohl intensivsten Zeiten im menschlichen Leben sind der Beginn und das Ende eines gemeinsamen Weges. Plötzlich tritt mitten im Leben das Unerwartete auf. Eine schicksalhafte Wendung, der wir nicht ausweichen können. Wochen, Monate und Jahre von Gemeinsamkeit können folgen.

Hoffnung und unermessliches Glück hängen von Befunden und Werten ab. Dann wieder Schatten und Rückschläge. Wir sind unfrei geworden, aber jeder Tag, jeder schöne gemeinsame Moment ist intensiv und kostbar.

Es folgen manchmal Schmerzen und Kämpfe, Stunden in Wartezimmern. Angsteinflößende medizinische Gerüche, weiße Uniformen, undurchdringliche Gesichter, in denen wir verzweifelt nach guten Nachrichten suchen.

Eines Tages ist alles versucht. Die Blicke der Ärzte werden ausweichender, man selbst ist erschöpft. Es werden leise ernste Gespräche geführt und dann wird das zur Gewissheit, was wir schon lange ahnen: Der Weg des gemeinsamen Lebens geht zu Ende.

Es ist alles getan worden, es bleibt eine letzte, kostbare gemeinsame Zeit. Zu Hause ist alles möglichst bequem und liebevoll eingerichtet und es wird stiller. Man spürt die Anwesenheit von etwas Machtvollem und Unausweichlichem. Neben Zorn und Ohnmacht spüren wir langsam Erleichterung und Dankbarkeit.

Es ist alles gut so, wir dürfen loslassen und vertrauen. Der Mensch, den wir begleitet haben, wird seinen Weg finden.

Das Licht

Es ist heut ein besonderer Tag.
Wir sind nicht mehr allein.
Die Tür war zu,
doch steht es dort.
Will Deinen Weg betreuen.

Es ist ganz still
und lächelt nicht.
Und hat auch sehr viel Zeit.
Es kommt aus einer anderen Welt
und weiß, Du bist bereit.

Ich bin es nicht, ich will es auch
in diesem Raum nicht sehen.
Und doch, es ist auch Trösterin,
kann alles gut verstehen.

Nun sitz ich hier an Deinem Bett.
Du siehst so müde aus.
Wir sprechen nicht,
Du schläfst auch viel.
Es ist ganz still im Haus.

Wir schweigen oft.
Du wachst mal auf
und schließt die Augen wieder.
Ich halte Deine Hände fest,
Du schläfst jetzt auch schon wieder.

Am Fuße unseres Bettes nun,
da sitzt ganz still das Licht.
Von dem Moment des Werdens an
sieht es Dir ins Gesicht.

Es hebt Dich aus dem Körper raus,
der liegt nun still im Bett.
Es schneidet Liebesfäden ab
und schwebt dann mit Dir weg.

Du musst den Weg im Traumes Schlaf
alleine nicht beschreiten.
Es hält Dich freudig fest im Arm
und wird Dich lieb begleiten.

Ich sehe Deinem Körper an,
Du hast ihn jetzt verlassen.
Du tanzt befreit und sonnengleich
und hast mich hier gelassen.

Es ist so schwer, es gibt nur kurz
Momente aus dem Licht.
Es ist ein Duft oder Musik,
oder ein ganz bestimmtes Licht.

Dann weiß ich,
dass Dein zarter Hauch
mich hat ganz sanft gestreift.
Du darfst das nicht, das ist mir klar,
doch hast Du es nicht bereut.

Ich weiß, an einem anderen Tag,
an welchem weiß der Wind,
steht in der Tür ein zartes Licht
und ist für mich bestimmt.

Und unser beider warmes Licht,
das wird dann andere wärmen.
Das Leben, das ist kurz genug,
um sich für Glück zu schämen.

Versöhnt

Für das Wesen, das den Prozess des Sterbens bewusst erleben darf, kommt – wenn ihn nicht etwas ganz und gar Unerledigtes in diese Welt zwingt – der Moment der Ablösung. Der Blick wendet sich nach innen.

So wie es geworden ist, ist es gut.

Es ging nicht besser.

Alles ist so geschehen, wie es musste.

Man braucht jetzt nichts mehr.

Der Ausgang ist schon zu sehen, hell wie das Licht.

Ohne Schmerzen und ohne einen Blick zurück will man
weitergehen und die Stille genießen.

Versöhnt

Ich lege meine müde Hand
in Eure warmen Hände.
Ich spüre es jetzt ganz genau,
mein Leben geht zu Ende.

Ganz nah schon ist die ruhige Zeit,
in die ich will jetzt gehen.
Ich bin dazu auch gern bereit,
das müsst Ihr auch verstehen.

Ich habe einen guten Weg
mit mir und Euch verbracht.
Es hat mir einen bunten Strauß
von dieser Welt gebracht.

Ich habe mich mit mir versöhnt.
Was ich auch nicht geschafft,
zu manchem fehlte mir der Mut,
zu anderem schlicht die Kraft.

Ich war ganz sicher ungerecht
und sah nicht jeden Freund.
Beim nächsten Mal da hol ich nach,
was diesmal ich versäumt.

Schon lange bin ich wirklich frei,
denn viele große Pläne,
die wanderten an mir vorbei
in unerreichte Ferne.

Ich winke diesen nicht mal nach,
ich habe sie vergessen.
Mein Schiffchen fuhr woanders hin
und das war angemessen.

Mein Körper und mein volles Herz
sind im Begriff zu gehen.
Drum lasst, was jetzt auch kommen mag,
ganz einfach nur geschehen.

Sehr dankbar und mit mir vereint
will ich jetzt still hier liegen.
Und ohne Angst und warm umhüllt
dem Licht entgegen fliegen.

Ich bin dabei auch ganz entspannt,
drum bleibt es bitte auch.
Wir sind die Hüter unserer Zeit,
ich mache davon Gebrauch.

Im Raum der Träume

Das Weggehen aus dem Körper ist etwas, das wir alle teilen werden, aber dieser Prozess ist so einzigartig wie die eigene Geburt.

Das Kommen in diese Welt und das Sie-als-Mensch-wieder-Verlassen kann lange dauern oder ganz schnell passieren.

Es ist nur ein Verwandlungsprozess. Das, was Körper war und die unsterbliche Seele trug, bleibt zurück und darf von Mutter Erde wieder aufgenommen und in etwas neues Lebendiges umgewandelt werden.

Nichts geht verloren. Das feinstoffliche Körperlose eines Wesens umgibt uns weiterhin. Die moderne Physik findet ständig neue Teilchen und Energieformen, die es eigentlich nicht geben dürfte.

Der so Verwandelte bleibt in uns wie eine nie verklingende Melodie.

Aber sie muss leise werden, damit wir weiterleben können.

Im Raum der Träume

Drei Engel kamen heut zu ihr
und nahmen ihre Hand.
Sie schwebten freundlich fort mit ihr
in ein verborgenes Land.

Durch weiße Wolken flogen sie
in einen hohlen Baum.
Und als im Land sie angekommen,
da war es wie ein Traum.

Sie stellten ihr ein Körbchen hin,
man legt sein Leben rein.
Dann ist man wieder leicht und froh
und kann erleuchtet sein.

Das Körbchen tragen sie geschwind
dann in den Raum der Träume.
Da wandelt sich das Leben dann
in wunderschöne Bäume.

Die wiegen sich bald ruhig im Wind,
die Blätter werden grün.
Sie kümmern um die Liebsten sich
und lassen Wolken ziehen.

Die Bäume schützen alle sanft,
die jetzt noch hier verweilen.
Das Leben wird deshalb auch Dir
die Schmerzen wieder heilen.

Du wirst niemals auf dieser Welt
von Engeln ganz verlassen.
Ein Körbchen wartet auch auf Dich,
Du kannst Dich drauf verlassen.

Setz Dich, wenn Dich das Leben drückt,
ruhig unter große Bäume.
Du weißt, so manches Körbchen wohnt
im Raum der schönen Träume.

Von dort aus führt ein Herzensstrahl
und auch ein lieber Hauch
in diese Welt. Du wirst beschützt
mit Engelsflügeln auch.

Hinter Glas

Das, was nie geschehen durfte, ist geschehen. Der Mensch, um den man gekämpft hat, ist nicht mehr da. Das offizielle Abschiednehmen ist vorüber, der Alltag hat wieder alle ergriffen.

Nur man selbst findet keinen Platz mehr im Leben. Wann beginnt Trauer, unschicklich zu sein? Wie lange darf man über Gefühle sprechen, wie lange noch traurig sein?

Nehmen wir uns Zeit. Wir haben keine Trauerkultur mehr. Zeit ist Geld, alle sollen wieder schnell funktionieren. Aus dem Abschied-Nehmenden wird so schnell in den Augen der Anderen selbst ein Patient.

Es ist völlig normal, egal wie unsere Seele mit der neuen Situation umgeht. Manche stürzen sich direkt in Arbeit, andere nehmen eine Auszeit in Form einer Reise. Manche lassen im Umfeld zunächst alles, wie es war, damit der Verlust besser ausgehalten werden kann.

Uniformität ist nicht erforderlich. Wir dürfen in Ruhe unsere wunde Seele spüren. Sie wird heilen. Es dauert ein wenig, aber sie hat gelernt zu überleben. Geben wir ihr noch ein wenig Zeit.

Hinter Glas

Ich stehe hinter Glas und sehe hinaus.
Die Welt, die scheint mir gar nicht mehr vertraut.
Ich taste nach der unsichtbaren Scheibe
und merke dann, wie sehr ich um Dich weine.

Das Karussell der Menschen dreht sich weiter,
es sieht nicht wirklich einer zu mir hin.
Ich stehe hinter Glas und fühl mich einsam.
Es ist der Lärm, den ich zur Zeit nicht will.

Dein Wesen war für diese Erde wichtig,
du warst so ernsthaft und so lebensfroh.
Dein Körper konnte hier nicht länger bleiben,
die Seele träumt nun freundlich irgendwo.

Ich geh umher, um noch zu funktionieren,
und keiner sieht das dicke schwere Glas,
das mich von dieser Welt hat abgeschieden.
Ich steh dahinter, tränennass.

Ich bin so voller ernster Trauer
und lehne mich an dieses kalte Glas.
Ich suche nach dem Weg ins neue Leben,
es macht mir aber wirklich keinen Spaß.

Du fehlst mir einfach in der Welt der Menschen,
die vor Geschäften keine Zeit zum Trauern kennt.
Und ich stehe hinter unsichtbaren Scheiben
und bin von Dir und von der Welt getrennt.

Ich nehm' mir diese Zeit zum Abschiednehmen
und lebe jetzt an diesem neuen Ort.
Ich lasse Deinen Körper von mir gehen,
dein Lächeln lass ich niemals von mir fort.

Ich werde einst die Türe wiederfinden,
ich brauche aber meine eigene Zeit.
Für Stille und für zärtliches Erinnern
an Leben und an die Vergangenheit.

Die unsichtbare Frau

Wie viel Kraft kann uns ein Moment in der grünen Natur schenken. Ob ein Waldspaziergang, ein Blick auf den blumengeschmückten Balkon oder ein Gang durch den eigenen Garten. Selbst eine kleine grüne Insel in der Stadt kann ein Kraftort sein.

Wir waren immer schon draußen, um zu wandern, unsere Nahrung zu suchen oder Holz zum Heizen zu sammeln. Die alte Verbundenheit lässt das Herz wieder ruhiger schlagen. Wenn wir leise werden und einen geschützten Platz finden, nehmen wir auch die Bewegungen der Gräser und Bäume wieder wahr.

Plötzliche Natur-Geräusche, Vogelstimmen und hier und da vielleicht sogar ein Huschen im Gebüsch. Unser Innerstes kennt das alles noch. In solchen Augenblicken haben wir vielleicht das Gefühl, wieder ein Teil der ursprünglichen, für diesen grünen Planeten vorgesehenen Harmonie zu werden.

Schon Hildegard von Bingen empfahl bei Augenkrankheiten, einen langen Blick auf grüne Wiesen zu werfen. Wenn wir im Freien entspannen können, spüren wir, wie die gute Energie unseren Körper und unsere Seele erreicht. Wir sollten um jedes noch so kleine Stück natürlichen Lebensraum kämpfen, denn Mutter Natur behütet unsere Seele.

Keine Maschine kann für uns auf Dauer Luft zum Atmen herstellen, das kann nur das lebendige Grün.

Die grüne Frau ist unsere Mutter, ohne sie sind wir nichts.

Die unsichtbare Frau

In meinem Garten lebt schon lang
die unsichtbare Frau.
Ich sah sie früh am Morgen stehen,
die Haare voller Tau.

Im Winter, wenn es hat geschneit,
dann find ich ihre Spuren.
Am Gartenteich und auch ums Haus,
man muss nur danach suchen.

Im Sommer scheint es manchmal mir,
als hörte ich sie singen.
Vielleicht sind es die Vögel nur,
die leise ein Lied anstimmen.

Ich habe einmal auch beinahe
die Hand von ihr berührt.
Sie stand ganz still im Erdbeerbeet
und hat sich nicht gerührt.

Es wehten kleine Zweige sanft
in einem großen Busch.
Ein leiser Wind,
ein heller Schein,
dann ist sie fortgehuscht.

Wer ist sie nur, die stille Frau,
die durch den Garten streift?
Vielleicht behütet sie auch mich,
die ich von ihr nichts weiß.

Ich fühle mich durch sie beschützt,
durch dieses scheue Wesen.
Die hier ihr Reich im Garten hat,
wie viele grüne Wesen.

Das Band

Es gibt Erfahrungen, die ganz intensiv erlebt werden müssen. Daraus kann sich ein intuitives Gespür für die Zusammenhänge in der Natur und unserem Platz auf der Erde entwickeln. Das Gefühl ist stärkend und einzigartig.

Unsere Vorfahren haben den Wert und die Schätze, die unsere Mutter Erde für ihre Kinder bereitgestellt hat, durch Erfahrung gelernt. Das rote Band, das sind auch die Mühen, die eine Generation nach der anderen hatte, um heilsames und nährendes Wissen zu bewahren und weiterzugeben. Die allermeiste Zeit wurde der Schatz von Mensch zu Mensch weitergegeben.

Zeichnungen an Höhlenwänden gehörten dazu und Geschichten abends am Feuer. Lernen und Zuhören gehörte dazu. Genaues Beobachten und ständiges Wiederholen bis zur Meisterschaft. Zeit musste miteinander verbracht werden. Es musste geduldig erklärt werden. Jede Erfahrung war kostbar.

Gelebtes Wissen weiterzugeben, Verbindung zu halten mit Tieren, Pflanzen und dem Wetter, das lässt uns den Herzschlag des Planeten wieder in uns selbst spüren. Das ist das rote Band. Lassen wir es nicht abreißen. Wenn wir uns daran festhalten und einen Moment der Achtung auch an unsere Vorfahren senden, dann werden sie uns wieder antworten.

Gehen wir hinaus in die Natur und hören wir die flüsternden Stimmen im Grün, die aus der Vergangenheit kommen. Sie haben dafür gesorgt, dass wir als Mensch jetzt hier leben dürfen. Verachten wir den Schatz gelebter menschlicher Erfahrungen nicht, nur weil ein großes allgemeines Plappern im Äther ist.

Mutter Natur ist geduldig. Sie meint es gut mit ihren Kindern, auch wenn sie sich gerade etwas verlaufen haben. Es blüht hinter uns her, wir müssen nur hinsehen.

Das Band

Es gibt ein wundersames Band,
es wandert durch die Zeit.
Und hat man einmal es erfasst,
dann wird es zum Geleit.

Es ist sehr magisch, denn es trägt
Gedanken vieler Wesen.
Und Stimmen fern aus einer Zeit,
die vor uns ist gewesen.

Im Band, das durch die Zeiten geht,
erkennt man rote Steine.
Riecht Kräuter und sieht Malereien
im Rauch des Feuers scheinen.

Auch Pflanzengeister ziehen vorbei
und eine grüne Frau,
die ich zuletzt als Blume sah
auf einer Gartenschau.

Es ist das, was verbinden kann
mit seltenen alten Wesen.
Es hilft uns heute noch dabei,
in der Natur zu lesen.

Wenn man sehr ruhig nach innen sieht
und hält sich fest am Band,
erscheint die Mutter Erde uns
in vielerlei Gewand.

Als Drache, der das Feuer speit,
als Funkeln unserer Sterne,
als Regen, der vom Himmel fällt,
hab ich sie auch so gerne.

Das rote Band geht durch die Zeit,
das Wissen vieler Frauen,
die klug und liebevoll zugleich
auf die Natur vertrauen.

Danksagung

Wir danken unseren wunderbaren Männern Dieter und Wolli dafür, dass sie uns auf unserem grünen Weg in all den Wirren des Alltags unterstützen, wo sie können.

Wir danken Gaby Nickel, ohne die der Kontakt zu unserer Verlegerin Theresia de Jong nicht zustande gekommen wäre.

Wir danken einmal mehr Susanne Fischer-Rizzi für die vielen grünen Samen, die in unserer Seele aufgegangen sind.

Wir danken allen Kräuterfrauen, mit denen wir verbunden sind und die uns immer wieder neue Anregungen geben.

Wir danken unserer Verlegerin Theresia de Jong für ihre herzerwärmende verlegerische Unterstützung.